DREH ORGEL DREH

Lyrik und Prosa von

Evelis Reichardt

MORITATENSÄNGERIN

DREH ORGEL DREH

Lyrik und Prosa von Evelis Reichardt

MORITATENSÄNGERIN

Sie
finden:
Erlebtes
Gehörtes
Erdachtes
Unerhörtes
Gezeichnetes
rund um die Drehorgel
von Evelis Reichardt,
Moritatensängerin der „Baden-Badener Drehorgel-Gruppe“

Idee, Gestaltung, Umschlag, Text, Grafik: Evelis Reichardt
Technik und Layout: Immo C. Reichardt

Verlag: Augusta von Wins Verlag, Baden-Baden
Druck: MS Druck, Ötigheim
Buchbinderei: Spinner, Ottersweier.

ISBN-Nr. 3-925418-60-1

Vorwort

DREH ORGEL DREH beschreibt Erlebnisse, Erfahrungen, Gefühle und Gedanken, die ich als Moritatensängerin der Baden-Badener Drehorgel-Gruppe* sammeln konnte.
Und das in einer Zeit der High-tech-Medienwelt!
Es sind tiefgehende Eindrücke die ich, in der Zusammenarbeit mit meinen Freunden Irene und Florian Tilgner, beim Drehorgelspiel erfahren habe. Im Umfeld des mechanischen Musikinstrumentes DREHORGEL ging für mich nicht nur ein unbewußter Kindheitstraum in Erfüllung, sondern es fand eine Befreiung aus vielen Alltagszwängen statt.
Die nostalgische Kunstform des Moritatengesanges zur Drehorgel ist eine individuelle Ausdrucksmöglichkeit in einer uniformierten Gesellschaft.
Sie ist ein Freiraum, vergleichbar dem Freiraum, den früher ein Hofnarr innehatte.

Moritatenbücher gibt es in stattlicher Anzahl. Die einen beinhalten alte Gesänge und Texte des fahrenden Volkes, die anderen analysieren oder persiflieren die Moritat und die historischen Geschehnisse. Ich verzichte bewußt auf einen erneuten Abdruck bekannter Moritaten. Statt dessen berichte ich in Gedichten und kurzen Episoden über lebendiges Drehorgelgeschehen, hautnah erlebt!

Ich wünsche allen Freunden,
Kennern und Liebhabern der Drehorgelmusik mit diesem Buch viel Vergnügen.

*Die Baden-Badener Drehorgel-Gruppe

Spezialgebiete: Klassik auf zwei chromatischen Drehorgeln, weltweit einzigartige Glockendrehorgel, Moritaten mit Bildtafeln.

Florian Tilgner: Initiator, Drehorgelbauer, Notenrollenherstellung, Arrangements
Irene Tilgner: Synchronspiel auf der zweiten chromatischen Drehorgel
Evelis Reichardt: Moritatengesang und Gestaltung der Moritatentafeln

Die Drehorgel

Der Drehorgelbau in Deutschland ist über 200 Jahre alt, die Drehorgel selber ist viel älter. Sie hatte früher im sozialen Bereich, in Literatur, Politik und Musik eine Bedeutung, die heute unserem Fernsehen, dem Rundfunk und der Zeitung zusammengenommen gleichkäme. Technisch gesehen war sie auch Mitauslöser vieler neuer Erfindungen auf dem Wege zur heutigen Speicher- Informationsträger- und Computertechnik.
Mit Hilfe der Drehorgel konnte man mechanisch Musik erzeugen, diese speichern und beliebig oft aufführen. Das konnte bis dahin nur die Uhr oder die Spieldose unserer Vorfahren.

Die Erfindung des Orgelwerkes, mit dem ein Handspiel möglich war, wird heute Ktesebios im Jahre 950 n.Chr. in Persien zugeschrieben, obwohl schon Konfuzius (5oo v.Chr.) von einer chinesischen Nachtigall berichtet, die mit einem einer Orgel ähnlichen Gebilde den Gesang einer Nachtigall nachahmen konnte.

Die Drehorgel besteht aus folgenden wichtigen Elementen: Orgelwerk mit Pfeifen, Blasebalg, Spieltraktur und Stiftwalze. Nach der Erfindung des mechanischen Webstuhls entwickelte man den Faltlochkarton, bzw. das Lochband aus Papier, als Informationsträger. In jüngster Zeit hat der Mikrochip Einzug in die Drehorgel gehalten.

Stiftwalzen, zur Aufzeichnung von Musikinformationen, finden sich erstmalig um das Jahr 1600 in Musikautomaten in Augsburg. "Friedrich der Große" (1740-1786) siedelte Handwerker aus aller Herren Länder in Deutschland an und unter ihnen befanden sich vierundzwanzig Spieluhrenmacher. Sie hatten die Aufgabe elegante Uhren mit Orgelwerk, also Spieluhren zu bauen. Dabei entstanden die ersten Drehorgeln sozusagen als Nebenprodukt. Schon im Jahre 1790 gab es die ersten Manufakturen für den Drehorgelbau in Deutschland.

Damalige Komponisten wußten sehr wohl um die Bedeutung der Drehorgel, und daß sie die weite Verbreitung ihrer Melodien im Volke nicht zuletzt dem Drehorgelspieler zu verdanken hatten.

Auch Komponisten wie Haydn, Mozart, Beethoven und andere schrieben Musik für Flötenuhren und mechanische Spielwerke. Viele dieser Melodien wurden buchstäblich zu Gassenhauern.

Trotz aller Weiterentwicklung hat sich die Drehorgel in ihrem Grundprinzip erhalten. Sie ist ein mobiles, mechanisches Musikinstrument, das durch sein Klangvolumen sowohl im Raum als auch auf der Straße gut vernehmbar ist.

Selten hört man die Drehorgel, seltener die Moritat. Doch in der Seltenheit liegt ein besonderer Reiz. In einer Zeit der übermächtigen Wirkung optischer und akustischer Medien, des Wertewandels und der Veränderung gesellschaftlicher Strukturen, ist der Erhalt und auch die Weiterentwicklung dieser Facette unserer Musikkultur durchaus gerechtfertigt.

Das Forum, das sich um den Erhalt des mechanischen Musikinstrumentes Drehorgel in besonderer Weise verdient gemacht hat, ist der „Club Deutscher Drehorgelfreunde e.V.“ Er steht unter der langjährigen und vorbildlichen Leitung von Wilfried Hömmerich in Bonn. Der CDD dient der Information, dem freundschaftlichen Gedanken- und Erfahrungsaustausch und darüber hinaus auch zahlreichen Kontakten zu Liebhabern mechanischer Musikinstrumente in aller Welt.
Das Drehorgelspiel ist international.

Freunde, Kenner und Liebhaber der Drehorgel sind in der Regel liebenswerte und humorvolle Menschen.

Die Moritat

Sucht man nach der Bedeutung des Wortes MORITAT finden sich Parallelen zu Mordtat, Moraltat oder zu dem Rotwelschwort „mores“, das soviel wie Schrecken, Furcht oder Geschrei bedeutet.

Die Moritat hat ihren Ursprung auf den Jahrmärkten des Mittelalters. Sie vereinigt Text und Bild zu einem musikalischen Vortrag.

Moritatensänger machten sich früh die Erfindung der Drehorgel zunutze, denn als mechanisches Spielwerk erforderte das Drehorgelspiel nicht die Beherrschung eines Musikinstrumentes.

Der Moritatensänger, früher auch Zeitungssänger genannt, stand ebenerdig vor seinem Schilde. Darauf war meist ein schreckliches Geschehen drastisch dargestellt. Beim Vortrag deutete er mit seinem Zeigestock auf die jeweilige Szene. (Bänkelsänger hingegen standen auf einer kleinen Bank, dem sogenannten „Bänkel“)

In der alten, vormedialen Zeit waren die umherziehenden Moritatensänger nicht selten gleichzeitig Nachrichtenübermittler, Neuigkeitenschilderer und Unterhalter.

Man brachte schauerliche, absonderliche, unglaubliche und tief zu Herzen gehende Geschichten zu Gehör, deren Wahrheitsgehalt oft zweifelhaft war. Beliebt waren Schreckenstaten von Räubern, Mördern und Giftmischerinnen. Aber die Geschichten berücksichtigten auch Schuld und Sühne. Die Moral gehörte zur Moritat. Es waren Lieder des einfachen Volkes, jedermann verständlich und leicht nachzusingen, da die Texte der Moritaten nicht selten auf die Melodien alter Kirchengesänge paßten. So konnte man Moritaten nach Hause tragen und weitergeben, denn lesen und schreiben konnte früher nicht ein jeder.

Moritatensänger zählten zum fahrenden Volk. Sie waren mobil und auch ein wenig unheimlich. Ihre Kleidung war meist ausgefallen, die Gesten unmißverständlich direkt, und die ungeschliffene Stimme war durchdringend.

Der letzte professionelle Moritatensänger, Ernst Becker, gab 1957 sein Gewerbe auf. Lautsprecher und Dauermusikberieselung hatten ihn von seinem Arbeitsfeld, dem Jahrmarkt, vertrieben. Heute hat sich das Verhältnis zur Moritat gewandelt, sie ist zur Rarität und liebenswerten Nostalgie geworden.

Moritatensänger aller Zeiten hatten aber auch die Herz-Schmerz-Variante in ihrem Repertoire. Genauso wie sie in unseren heutigen Tagesschlagern anzutreffen ist, und damit schließt sich der Bogen des Sehnsuchtsverlangens der Zuhörer zum modernen Medium unserer Tonträger.

Gönnen Sie sich den Luxus einmal zu verweilen, um Drehorgelspielern und Moritatensängern zu lauschen.

Drehorglers Loblied

Freunde, es ist wunderschön
und in Worte kaum zu fassen,
wenn wir auf der Straße stehn,
gutgelaunt die Kurbel drehn
und die Orgeln klingen lassen.

Ist der Wettergott uns gnädig
und die Stimmung unvergleichlich,
die Kollekte nicht zu schäbig,
der Applaus erfreulich reichlich,
dann wird man den Satz verstehn.

Drehorgeln ist wunderschön!

St. Gabriel, Kupferstich v. Martin Schongauer, (1450-1491)

Bildnis der allerersten Notenrolle

Als Petrus saß, vor langen Zeiten, gelangweilt einst im Himmel rum,
fand er das ewige Geharfe und Zimbelnbimmeln gar zu dumm.
Drum sagte er zu einem Engel, geh auf die Erde, schau dich um,
bring mir das Spielwerk mit dem Schwengel fürs himmlische Spektakulum!

Der Engel folgte, stieg zur Erde und suchte jenen Spieler auf,
der eine Drehorgel vorführte, die justament stand zum Verkauf.
Gib mir die Orgel, bat der Engel, sonst gibt im Himmel es Verdruß,
gib mir auch Notenroll' und Schwengel für meinen lieben Herrn Petrus

Der Orgler tat, wie ihm geheißen, er witterte ein gutes Geld.
Gab Notenrollen hin mit leisen und lauten Melodien der Welt.
Der Engel war es sehr zufrieden. Er nahm das schöne Instrument,
das so erlesen, so gediegen, wie man von Meisterhand es kennt.

Doch unterwegs befiel den Engel die Neugier gegen den Verstand!
Er führte selbst den Orgelschwengel drehte sein erstes Notenband.
Er wollte sich was Schönes spielen und ausprobieren wie es geht,
als plötzlich aus der Hand ihm fielen die Notenrollen im Paket.

Sie spulten sich von ihrem Kerne. Sie rollten auf die Erd hinab,
bis daß ihr Ende, in der Ferne, ein wildes Durcheinander gab.
Er wickelte mit großer Mühe die Rollen alle wieder auf.
Das dauerte bis in der Frühe am Horizont die Sonn ging auf.

Da kam ein Mann der Morgenzeitung mit seinem Fotoapparat.
Der lichtete den braven Engel bei seiner Tätigkeit schnell ab.
Und dieses Bild blieb uns erhalten vom kämpfend Engel mit Papier!
Ich will es euch nicht vorenthalten, drum seht ihr es im Buche hier.

Ob Petrus oben dreht die Orgel bleibt uns verborgen, immerdar.
Doch in der ersten Nacht des Jahres hört man das Fest der Engelschar.
Es tönen Orgel und Trompeten auch Zimbeln, Glocken und Posaune.
Es scheint, daß alle Englein beten mit Drehorgel und guter Laune.

Lust am Leben

Alles was du gerne tust,
das
was du darfst,
nicht
was du mußt,
gelingt dir gut
und bringt dir Lust.

So dir Freude innewohnt
bist du lustvoll,
lustbetont.
Gelüste werden
dann belohnt.

Hast du etwa Lust
auf Lust,
es gelüstet dich bewußt,
dann ergreift dich
die Wollust.

Bist du der Lust
lustvoll erlegen,
lusterfüllt und hingegeben,
dann spürst du sie,
die Lust am Leben!

Applaus

Applaus trifft dich in deine Seele,
Applaus geht mitten in den Bauch.
Applaus verschnürt dir deine Kehle,
Applaus ist nichts als Schall und Rauch.

Applaus ist Liebe und Begehren,
Applaus ist Droge und Genuß.
Applaus ist, sich nicht zu verwehren,
Applaus ist wie ein süßer Kuß.

Applaus ist Ansporn auf das Neue,
Applaus ist jedes Dichters Brot.
Applaus für Mutige und Scheue,
Applaus hilft manchem aus der Not.

Applaus ist billig nicht zu haben,
Applaus ist unverdient nicht da.
Applaus ist da, sich dran zu laben,
Applaus ist einfach wunderbar!

Tat

Wer
etwas tut,
wer
was riskiert,
dabei Ideen investiert,
wer meint
er macht es nicht verkehrt,
wird
wenn er fertig ist
belehrt,
daß er sich etwas angemaßt!

Was nun dem Kritiker nicht paßt.

Und die Moral aus der Geschicht:
Wer gar nichts tut,
macht Fehler nicht.

Wir Drehorgelspieler

Wir spielen auf Straßen, in Gassen, auf Plätzen.
Wir spielen im Saale, in Zelten, bei Festen.
Wir spielen in Süd, Nord, in Osten und Westen.
Wir spielen vor vielen und wenigen Gästen
und geben vertraute Geschichten zum besten!

Vergessene Lieder, zu Drehorgelklängen,
erwecken wir mit Moritatengesängen.
Wir berichten von Liebesfreude und Schmerz,
von hier und von dort und auch anderwärts,
und rühren damit manches Zuhörerherz.

Wir singen von Räubern, Halunken und Dieben,
von verlassenen Mädchen die unglücklich blieben.
Wir singen von Liebenden, die sich verraten,
von Frauen und Männern und von Missetaten.
Kurzum, was wir singen das sind Moritaten.

Bei uns hat das Lied meistens eine Moral,
ob sie einer annimmt, das ist seine Wahl.
Wir Drehorgelspieler sind fröhlich und bunt,
wir spielen und singen mit Herz, Hand und Mund
und drehen die Kurbel fürs Publikum rund.

DREHORGEL-FEST

Wer sündigt

„Wer sündigt lebt länger!“

So las ich es heute.
Verbotenes stärkt eure Abwehr
ihr Leute!

Es schafft Wohlbefinden
Momente des Glücks
es stärkt euren Kreislauf
den Geist und die Tricks
entspannen den Körper
heben die Kondition
schützen vor Krankheit
und vor Depression.

Wer fastet und schmachtet
folgt jedem Verbot
der ist zwar geachtet.

Doch viel früher tot!

Leute tretet hier heran!
Hört euch die Geschichten an!

Was erst kürzlich ist geschehn,
könnt ihr hier im Buche sehn.

Sind die Märchen auch nicht wahr,
sind sie dennoch wunderbar.

Denn wer nicht mehr an Wunder glaubt,
ist seiner Phantasie beraubt!

Drehorgelmärchen

Herr Sauerrahm hat in der Stadt
ein schönes, altes Haus.
Wo's Banken und Geschäfte hat
schaut er zum Fenster raus.
Die Langeweile plagt ihn sehr
und Freunde hat er keine mehr.
Das Nichtstun hat ihn hart gemacht,
drum sagt so mancher Mann:
„Man geht ihm besser aus dem Weg,
dem alten Sauerrahm!"

Er hat rein gar nichts mehr zu schaffen
und kann von seinem Kissen,
die Welt ringsum nur noch begaffen
und findet sie beschissen.

So weiß er immer gut Bescheid,
er tratscht und hetzt sehr gerne,
er mischt sich ein in jeden Streit,
auch aus des Fensters Ferne.
Er geizt, er hockt auf seinem Geld,
die Frau lief ihm davon,
er nörgelt, schimpft auf alle Welt
und streitet mit dem Sohn.

So geht's tagein, so geht's tagaus,
der Alte ist 'ne Plage,
er hängt den Kopf zum Fenster raus,
verdrießlich sind die Tage.
Er brummt und zetert fürchterlich,
kurzum, er liebt das Leben nicht.

An einem hellen Sommertag,
so um die Mittagszeit,
als wieder er am Fenster lag,
erklingt Musik von weit.
Ein Mann mit einer Orgel kommt
ganz langsam zu aufs Haus
und bringt dem alten Sauerrahm
nun einen Ohrenschmaus.

Der will erst keifen, böse schrein,
das sei ja unerhört,
doch mittendrin da hält er ein,
schaut hin wer ihn da stört.
Die Orgeltöne tun ihm gut,
sie gehn vom Ohr ihm in das Blut.
Ganz schnell verfliegt die böse Wut.
Ein Markstück landet bei dem Hut.

Der Orgelmann blickt zu ihm rauf
und lächelt zu Herrn Sauerrahm,
hebt das geworfene Geldstück auf
und hält dabei die Orgel an.
Herr Sauerrahm eilt vor die Tür
und sagt: „Hallo, wer seid denn Ihr?
Die Orgel welch ein schönes Stück!"
Er wendet nicht von ihr den Blick.
Dann fängt er mit dem Orgelmann
'ne lange Unterhaltung an.

Musik, o ja, die liebt er schon,
allein, er spiele keinen Ton
auf irgendeinem Instrument,
da er ja kaum die Noten kennt.
Jedoch 'ne Orgel, so zum drehn,
die könnte auch bei ihm wohl gehn.

Er holt sich, daß er's nicht vergesse,
Papier und Bleistift, schreibt Adresse
vom Straßenmusikant sich auf
und bittet ihn zu sich herauf.

Die beiden Männer reden viel,
vor allem vom Drehorgelspiel.
Herr Sauerrahm faßt den Entschluß,
daß er 'ne Orgel haben muß!
Der Musikant gibt ihm den Rat,
daß der Idee auch folgt die Tat!

Dies liegt zurück gar viele Jahr.
Und heute, Freunde, es ist wahr,
ist Sauerrahm ein froher Mann,
weil er das Drehorgeln begann,
bei sich und andern Freude weckt
durch diesen Weg, den er entdeckt.

Die bösen Zeiten sind vergessen,
wo er am Fenster einst gesessen.
Er steht jetzt öfters in der Stadt,
die sonst gar keine Musik hat,
mit Orgel, Bratenrock, Zylinder
und spielt für Große und für Kinder
und jeder sagt: „Welch netter Mann
ist heut der alte Sauerrahm!"

Die Drehorgelfrau

Sie trägt ein phantasievoll Kleid
und einen zauberhaften Hut,
wirkt wie ein Bild aus alter Zeit
und führt der Welt mit Mut
ein wunderliches Spielwerk vor
und fühlt sich dabei gut.

So manche Frau im Publikum
beneidet insgeheim
sie und ihr ausgefallnes Tun,
wünscht auch wie sie zu sein.
In ihrem fraulichen Gewande
ist sie ein fröhlicher Vagant,
spielt überall in unserm Lande
Drehorgel und ist Komödiant

Das Café Horch

Nach einem Drehorgelauftritt in Limburg an der Lahn wollten wir am nächsten Tag in Biedenkopf spielen.
Das Café Horch hat an seiner Hausfassade ein großes Ohr, also fanden wir es leicht.
Dieses Café entpuppte sich als ein Bistro, und das ist genau gesagt, ein Lokal, wo es einiges gibt aber eigentlich nichts rechtes.
Die junge Wirtin zauberte uns dennoch einen schmackhaften Lauchauflauf.
Danach fanden wir unseren Humor wieder.
Wie es schien, hatte wohl niemand die Ankündigung unseres Moritatenvortrages zur Drehorgel gelesen, denn zur angegebenen Zeit fand sich kein einziger Gast ein.
Wir warteten geduldig und trösteten uns gegenseitig.
Da betraten drei Damen das Café. Und sie wollten wirklich die Baden-Badener Drehorgelgruppe spielen hören!

An diesem Tage prägten wir den Satz:

„Ab drei Personen spielen wir!“

Nach und nach fanden sich mehr Zuhörer ein, und es wurde doch noch eine lebhafte Vorstellung. Geblieben ist uns aber dieser wichtige Satz und nach dem verfahren wir bis heute.

MORITATEN
× KLASSIK

Die Geisterpforte

Beim Drehorgelspiel in Baden-Baden fragte uns eine junge Frau, ob wir bereit wären zum fünfundsiebzigsten Geburtstag ihres Vaters in Springe am Deister zu spielen. Unsere Moritaten würden ihn sicher erfreuen. Sie selbst könne leider nicht an dieser Feier teilnehmen. So sollte unser Spiel ihr Gruß und Geschenk an den Vater sein!
Wir wurden uns einig.

Die Stadt Springe ist nicht groß und wir finden bald ein Schild mit der Aufschrift „Deisterpforte" das in Richtung auf den Wald deutet. Romantische Gedanken machen sich breit. Vor uns erhebt sich der Deister. Nach mehrstündiger Autofahrt meldet sich der Magen und im Geiste liest jeder von uns schon die Speisekarte.
Die schmale Straße führt auf ein einsames Hofgebäude zu. Türen und Tore sind verschlossen, kein Mensch, kein Auto ist zu sehen. Dafür aber viele Katzen, was auf Leben hindeutet.

Hinter dem Hofgebäude spiegelt sich die Sonne in der blinden Fensterfront einer Glasveranda, die den Charme der fünfziger Jahre hat. Die Vorhänge hängen gewiß schon eine Ewigkeit hinter den verwitterten Rahmen. Es ist still bis auf das Vogelgezwitscher und das Rauschen des Buchenlaubs im Sommerwind. Ein Gardinenspalt erlaubt einen Einblick in den Saal, der hinter der Glasveranda liegt. Er hat eine verzierte Stuckdecke und mußte irgendwann einmal schön gewesen sein. Es hängen noch Faschingsdekorationen, Girlanden und Lampions im Saal, so als hätte man erst gestern gefeiert. Und das mitten im Hochsommer! Alles ist unwirklich.
Ist das hier ein Scherz? Hat uns jemand in ein Dornröschenschloß geschickt? Sind wir im falschen Ort? Lauter Fragen. Unmöglich. Es ist alles richtig. Wir stellen das Auto auf den stillen Hof, wir warten und lächeln tapfer.
In drei Stunden soll hier gefeiert werden!
Die Deisterpforte wird für uns allmählich zur Geisterpforte.

Es dauert lange bis sich eine Seitentür des Hauses öffnet. Die Wirtin schaut heraus und ist nicht im geringsten überrascht. Ja, sie habe uns erwartet. Wir gehen durch die Gaststube in der Essengeruch hängt. Die Magennerven melden sich.

Ja, es sei ein Doppel- und ein Einzelzimmer bestellt und bezahlt, das ist in Ordnung, sagt die Frau. Sie führt uns durch zwei langgestreckte Gasträume zu einer hölzernen Flügeltür. Dahinter kommt eine breite Treppe hervor. Sie ist steil wie eine Hühnerleiter.
„Erster Stock, Zimmer 6 und Zimmer 8!“ sagt die Frau und gibt uns die Schlüssel. Hat dieses Haus etwa mehrere Stockwerke? Ich habe Zimmer Nr. 6, na dann!

Wonach riecht es hier und von wann ist diese vergilbte Blumentapete? Eine große Spinnwebe hängt in der Zimmerecke! Die Regenrinne pendelt vor dem Fenster im Wind. Es muffelt! Die Bettwäsche ist alt, aber sauber und die Sonne taucht alles in goldenes Licht. Am Waschbecken ist kein Wasser, die Dusche ist auf dem Flur.
Das Doppelzimmer Nr. 8 sieht ähnlich aus, doch hier tropft der Wasserhahn.
Irgendwie sind wir zu müde um zu flüchten, wir bleiben. Wo sind wir gelandet?

Noch zwei Stunden bis zum Fest!
Wir gehen hinunter. Hinter der Küchentür rumort es, doch niemand kümmert sich um uns. Wir schauen uns ungestört um. Hier ist die Zeit stehengeblieben. Sogar in einem Museum hätte man Staub wischen können denke ich. Resignation hat eine Staubschicht über die andere gelegt. Die Zeit verstreicht lautlos. Im bunt dekorierten Verandasaal haben wir unsere Instrumente deponiert und wir ziehen uns dort auch um.

Wir sind ja die totale Überraschung des Abends!

Eine halbe Stunde vor Beginn der Feier fahren die ersten Autos auf den Parkplatz. Ganz normale Leute kommen da in ein ganz normales Gasthaus! Unser Auftritt naht. Die Tür zur Gaststube geht auf und wir nehmen Aufstellung. Alles ist hübsch hergerichtet, mit weißen Gedecken, Stoffservietten und vielen Kerzen. Die Gäste sind festlich gekleidet.

Am Kopfende der Tafel sitzt der Jubilar. Ich sehe ihn an.
Er sitzt im Rollstuhl, die rechte Hand, an der einige Finger fehlen, hält er vor sein Gesicht. Als er sie fort nimmt, um sie uns zu reichen, sieht man die grausamen Spuren einer Kriegsverletzung, die wohl durch mehrere Operationen gemildert wurden.
Eigentlich bekomme ich keinen Schreck. Wir tun so, als sei alles ganz normal. Doch man hätte uns vorbereiten können.

Unser Programm läuft wie am Schnürchen. Die Gäste sind aufgeschlossen und die Stimmung ist ausgezeichnet. Der Gruß der Tochter, den wir repräsentieren, wird mit Freude und Wehmut quittiert. Der alte Herr erweist sich als ein Mensch mit starker Haltung. Das hat mich beeindruckt. Nach zwei Stunden ist das Fest vorbei und die Deisterpforte fällt zurück in den Zustand der Geisterpforte.

Am nächsten Morgen haben wir mit dem Wirt ein Gespräch. Er erzählt uns von seinem Leben und seinem Durchhaltewillen. So wie er es anderen wohl auch erzählt.

Phanta - Sie

Phanta war ein schöner Knabe.
Phanta war zu oft allein
und es stellte sich die Frage:
Muß das denn für immer sein?

Phanta suchte in der Zeitung,
Phanta suchte im Büro
immer nur nach der Begleitung,
die ihn heiter stimmt und froh.

Phanta hätt fast aufgegeben,
doch eines Tags erblickt er die,
welche er ersehnt im Leben,
sprach sie an und sagte: „Sie!“

„Fräulein, Sie sind jenes Mädchen,
von dem ich träume, Tag und Nacht!“
Sie heirateten und so wurde
aus Träumen Phantasie gemacht.

Ein Puppenspieler zieht durchs Land.
An seidenzarten Fäden
führt er die Puppen mit der Hand
und läßt sie für uns leben.

Nutze die Zeit

Ein Karussell, das sich nicht dreht,
ein Mobile, das stille steht,
ein Instrument, das nicht erklingt,
ein Vogel, der sein Lied nicht singt,
ein Baum, der keine Blätter wiegt,
ist wie ein Mensch der nie geliebt.

Eine Quelle, die nicht rauscht,
ein Herz, das keinem andren lauscht,
ein Auge, das nichts Schönes sieht,
ein Licht, das keine Helle gibt,
die Wolke, die nicht weiterzieht,
ist wie ein Mensch der nie geliebt.

Ein Wort, das dir nichts Gutes sagt,
ein Fragezeichen, das nicht fragt,
ein Haus, das keine Türen hat,
ein Lachen, das nur hohl und platt,
die Hand, die keine Wärme gibt,
ist wie ein Mensch der nie geliebt.

Ein Sturm, der alles mit sich reißt,
ein Schild, das keinen Weg dir weist,
ein Schlag, der in die Seele trifft,
ein Pfeil mit hinterhältgem Gift,
die Zeit, die keine Zukunft sieht,
ist wie ein Mensch der nie geliebt.

Ein Stern, der hell am Himmel strahlt,
ein Maler, der mit Farben malt,
ein Lied, das froh und leicht erklingt,
ein Augenpaar, das lächelnd winkt,
ein Mensch, der einem andern gibt,
ja, das ist er, der Mensch der liebt!

Drum nutz die Zeit, die dir gegeben,
täglich zum Lieben und zum Leben.

Liebe

Wahre Liebe kann nicht wanken.
Alte Liebe rostet nicht.
Große Liebe kennt nicht Schranken.
Falsche Liebe dauert nicht.

Erste Liebe bringt Erfahrung.
Eigenliebe mag nicht geben.
Heiße Lieb ist Offenbarung.
Echte Liebe ist das Leben!

Ayshe

In Oberkirch, einem lieblichen Weinort im Kinzigtal am Rande des Schwarzwaldes gelegen, waren wir als Drehorgelspieler und Moritatensänger eingeladen. Zwei Tage lang herrliches Wetter, gute Stimmung und ein wundervolles Publikum!
Schon vor Beginn unseres Drehorgelspieles umringten uns viele fröhliche Kinder.
Ein kleines Mädchen, etwa zehn Jahre alt, fiel mir auf. Ein nettes Kindergesicht schaute mich aus einem hellblauen Kopftuch erwartungsvoll an. Dunkle Kirschenaugen und einen lachender Mund. Sie streckte uns ihre Hand entgegen und sagte: „Ich bin Ayshe, guten Morgen!" Natürlich stellten wir uns auch mit unseren Vornamen bei ihr vor. Es war zehn Uhr morgens und die ersten Festbesucher kamen um uns zuzuhören. Ayshe beobachtete aufmerksam alles was wir taten, und sie hörte gespannt unsere Moritaten an. Um die Mittagszeit ging sie heim, war aber um zwei Uhr wieder an Ort und Stelle. Wir hatten eine Pause eingelegt und sie bewachte unsere Instrumente so selbstverständlich, als gehöre sie dazu. Es gibt Kinder die sind so angenehm, daß man in den wenigen Stunden des Beisammenseins eine Beziehung aufbaut. Auch wenn man weiß, daß man sich kaum wiedersieht. Ayshe war ein Mädchen, das ich gerne den ganzen Tag um mich hatte. Sie war einfach da.

Am folgenden Tag kam sie wieder und trotz des Andranges, der jetzt herrschte, behauptete sie unaufdringlich ihren Platz bei uns. Sie sang bei den Moritaten mit und wünschte sich noch einmal das Lied vom Mariechen. Ein beliebtes Lied, das an diesen zwei Tagen häufiger, als sonst bei uns üblich, vorgetragen wurde.
Ayshe erzählte uns, daß sie Türkin ist, aber in Oberkirch auf die Welt kam. Später, wenn sie groß sei, wolle sie in der Türkei leben. Am Sonntagabend verabschiedeten wir uns herzlich. Sie umarmte mich und sagte zu mir: „Das Lied vom Mariechen kann ich jetzt auswendig!"
Ich sah ihr nach. In einigen Jahren, vielleicht, wird sie als junge Mutter irgendwo in Anatolien ihr Kind in den Schlaf singen. Und bestimmt auch mit Mariechen, das sie in Oberkirch von uns gelernt hat. Irgend jemand wird es auch dort bewahren.
Es lohnt sich, daß wir die alten Lieder weitertragen. - Wohin auch immer!

Mariechen

In einer kleinen Stadt spielten und sangen wir vor einem Kaufhaus.
Leute kamen, Leute gingen, doch einige verweilten länger, besonders bei den Moritaten.
So auch eine Frau, die aus dem Kaufhaus kam und eine Menge eingekauftes in einer hölzernen Kiste trug. Sie hielt die Kiste mit beiden Armen vor ihrem Körper fest.
„Mariechen saß weinend im Garten!“ schmetterte ich lauthals und die Frau blieb wie gebannt vor uns stehen. Sie hielt die Kiste mit beiden Armen immer noch fest. Sie schien die Last, die sie hielt, nicht zu bemerken.

Erst als das Lied zu Ende war, setzte sie die Kiste auf das Straßenpflaster und weinte bitterlich.

Sie sah unsere Betroffenheit.

Da sagte sie:
„Dieses Lied sang meine Mutter früher. Ich habe es nie wieder so inbrünstig gehört. Es weckt in mir tiefe Erinnerungen.“

Sie bedankte sich bei uns mit einem Blumenstrauß.

Meine Drehorgel

Ich habe eine wunderschöne
Orgel voller Wundertöne.
Drehe ich die Kurbel hier
spielt sie auf,
euch zum
Pläsier.

Schöne Stadt

In einer sehr gepflegten Straße, in einer wunderschönen Stadt,
da steht ein gutgelaunter Orgler, der eine schöne Orgel hat.
Er spielt ein Menuett von Mozart, er spielt ein Liebeslied von Bach,
er spielt ein Rondo, einen Walzer, kurzum, er spielt was Freude macht.

Doch spielt er auch ganz flotte Weisen,
Volkslieder, Schlager, sogar Beat,
um seinen Hörern zu beweisen
was auf der Drehorgel so geht.

Urplötzlich kommen jetzt zwei Damen, mit kühlem Blick und festem Schritt,
aus dem Geschäft für Bilderrahmen. Sie teiln dem Orgelspieler mit,
daß sie die Polizei jetzt rufen, Musik sei Lärmbelästigung.
Er soll verschwinden, soll sich sputen, sein Spiel sei eine Zumutung!

Der Orgler, höflich und bescheiden,
zieht weiter, bis vor eine Bank,
doch dort will man ihn auch nicht leiden.
Der Krach mache die Kunden krank.

Nicht besser ist es vor der Kneipe, der Wirt beschwert sich bei ihm prompt.
Nun wechselt er die Straßenseite, geht weiter, bis er endlich kommt
zu einem Obst-Gemüseladen, der wunderschön bunt dekoriert.
Dort will man seine Töne haben, und siehe, das Geschäft floriert.

Ein netter Mann tritt aus dem Laden, 's ist Ibrahim aus der Türkei,
er hat ein Körbchen, obstbeladen, das stellt er so ganz nebenbei
dem Orgler hin, und sagt und lacht, daß die Musik ihm Freude macht,
läßt sich das Instrument erklären und will dann auch was Flottes hören.

Am nächsten Tag geht unser Orgler noch einmal diese Straße lang.
Er trägt Zivil, sieht aus wie alle, verweilt wie gestern vor der Bank.
Doch heute steht an jenem Platze, wo man ihn gestern weggejagt,
ein Preßlufthammer und ein Bagger, der sich ins Straßenpflaster nagt.

Der Höllenlärm scheint nicht zu stören, nicht Bank und Kunden, nicht die Damen,
wahrscheinlich können die nicht hören, sie werkeln im gewohnten Rahmen.
Die Baustell schmerzt nicht Ohr, noch Blick, sie wird nicht weiter wahrgenommen.
Der Krach stört nicht. Doch stört Musik! Von Spielern, die ins Städtchen kommen.

Moral:
Der Orgelspieler kam nie wieder
in diese wunderschöne Stadt,
wo es nicht Weisen oder Lieder
in der gepflegten Straße hat.

Weißt Du?

Weißt du wer dort an der Ecke steht?

Wer unermüdlich die Kurbel dreht,
wer seiner Drehorgel Töne entlockt,
wer später beim Wein im Wirtshaus hockt,
wer tolle Geschichten spannend erzählt,
von seinen Erlebnissen auf dieser Welt,
wer heiter gelassen auch zuhören kann?
Das ist er, der freundliche Drehorgelmann.

Er ist jetzt in Rente, war einst Fabrikant.
Doch heute hält er in der kräftigen Hand
die Drehorgelkurbel. Er dreht sie rundum
und erfreut mit Musik froh sein Publikum.

Natürlich da sammelt im Hut er auch Geld.
Vielleicht spendet er's für die Not in der Welt.
Vielleicht aber steckt er es selber auch ein.
Läßt es sich gut gehn und ist nicht allein.
Und
beim Drehorgelspiel ist so, für einige Stunden,
die Einsamkeit seines Alltags verschwunden.

Lächeln

Ein Lächeln öffnet jede Tür,
ein gutes Wort das Herz.
Halt es bereit, es gibt dafür
auch Trost in deinem Schmerz.

Glück

Das Glück es ist ein flüchtger Gast!
Paß auf, daß du es nicht verpaßt,
wenn du es nicht beim Schopfe faßt.

Tag

Jeder Tag ist so gut,
wie du ihn machst!

Hand

Reiche die Hand
solange sie warm ist.
Die kalte Hand
nimmt keiner mehr.

Gold

glänzt nur im Licht!

Klänge

Was hör ich vor dem alten Tor,
was durch die Straßen schallen?
Was dringt an mein gespitztes Ohr,
was hör ich widerhallen?

Es ist ein buntes Instrument
und wunderliche Leute,
die man Drehorgelspieler nennt,
die spielen auf zur Freude.

Unter der Linde

Sommer in Freiburg ist herrlich!
Die Menschen sind aufgeschlossen, gelassen und freundlich.
Wir spielen gerne in Freiburg.
In einer idyllischen Gasse hatten wir, unter einer Linde, unseren Standplatz. Florian spielte auf der Glockendrehorgel den ersten Satz der Feuerwerksmusik.
Mehrere interessierte Zuhörer verweilten andächtig, als ein älterer Herr, der sein älteres Fahrrad schob, zu mir herankam und mich anzischte:
„Der Bach hätte sich im Grabe umgedreht!"
Seine Augen blitzen mich dabei zornig an.

Ich zog ihn sanft am Ärmel zur Seite und sagte leise:
„Der Bach wohl nicht, dann eher schon der Händel!"

Er schnappte nach Luft und schien einen Moment lang sprachlos zu sein. Dann lachte er ein befreiendes Lachen, stellte sein Fahrrad an die Linde und reichte mir seine Hand.
Und urplötzlich war er ein liebenswerter Mensch. Eine Weile blieb er bei uns stehen und Florian erklärte ihm seine Drehorgel ausführlich.
Danach fuhr der ältere Herr mit seinem älteren Fahrrad und mit einer anderen Meinung über unser Drehorgelspiel weiter.

Anmerkung: Der ältere Herr war früher Organist gewesen.

Kinderspiel

Ein altes
Kinderspiel
das ist:
„Ich
sehe was,
was du nicht siehst!“
Ich denke mir ein Ding und dann,
fängst du darauf
zu raten an.
Verschied’nes wird
aufs Korn genommen,
bis auf die Lösung
du gekommen.
Schon eine Weile spielen wir,
da sagst du plötzlich
lachend mir:
„Ein neues Spiel,
viel schöner ist:
Ich denke was,
was du nicht **siehst!“**

Abzählreime

Eins, zwei, drei,
und auch ein Hund dabei.
Ist hier 'ne Wohnung frei?
Der Hauswirt sagt: „Dawai!"

Kaiser
König
Edelmann
Bänker
Markgraf
Bettelmann
Schäfer
Metzger
Schaf
und du bist Steffi Graf!

Cola
Fanta
Sprite,
Bild
und
Stern
und
Zeit,
MTV
und
Focus
und du sitzt auf dem
Lokus!

Ein Graf und auch ein Schneider,
die brauchten neue Kleider.
Sie dachten, wohl das beste
sei eine weiße Weste,
die ziehn sie sich dann an.
Und du bist dran!

Drehkasten und Leierorgel

Es war einmal ein Instrument,
das mancher liebt, das jeder kennt,
mit einem Blasebalg im Bauch,
mit Kurbel, Pfeifen, Walzen auch.

Es war aus Holz, ganz ohne Tasten,
kurzum, es war ein Leierkasten.

Es spielt auf Straßen, Gassen, Plätzen,
zum Leidwesen und zum Ergötzen.
Am liebsten spielt es in Berlin,
denn dort genau, da paßt es hin.

Es spielte laut und selten leise
und oft die immer gleiche Weise,
mal kläglich und zuweilen schräg,
doch bahnte es sich seinen Weg,
zum Hauskonzert im Hinterhof,
zum Ball, zum Laubenpieperschwoof,
dort schaffte es sich seinen Platz
und war des Leiermannes Schatz.

Es war ein andres Instrument,
das mancher liebt, das mancher kennt,
Drehorgel nannte es sich da,
im Süden, wo's zu Hause war.

Es dünkte sich ein wenig feiner,
es meinte, daß sein Ton doch reiner,
sein Timbre melodiöser klänge
als Leierkastens Marschgesänge.

Es kam aus Tüftlers Meisterhand
und legte Wert auf sein Gewand.

Es war auch technisch sehr gewitzt,
war reich verziert, bemalt, geschnitzt,
sehr elegant, ein wenig stolz
und meist aus ganz erlesnem Holz.

Gemeinsam wollt man musizieren,
sich gegenseitig ausprobieren...

So traf man sich, in Landes Mitte,
auf daß man Ehr und Ruhm erstritte,
und wer der Sieger sei im Land,
wer als der Bessere erkannt.
Gesagt, getan,
so fing man an.

Der Leierkasten spielte auf.
Die Drehorgel, sie folgte drauf.
Durchs Publikum ging ein Erstaunen,
dann fröhliches, zufriednes Raunen,
wie Drehorgel und Leierkasten
als Duo gut zusammen paßten.
Denn hat die Orgel Qualität,
ist's gleich, ob nun geschrieben steht:
„Der Leierkasten spielt ein Stück
von echter Drehorgelmusik!"

Kurz und bündig

Liebe
Leidenschaft
und Schmerz
Sehnsucht
Lust
gebrochen Herz
falsche Treue
Tränen
Laster
Lug und Trug
um
Gold und Zaster
Eifersucht
Mord
und
Verrat
in einem Lied
heißt:

Moritat!

MORITATEN

Gleich und Gleich

Liederjan
und Frauenzimmer
ziehn sich an,
von jeher, immer.

Frauenzimmer,
Liederjan
sind ein prächtiges
Gespann.

Er ist schlecht,
ohne Gewissen,
sie geschäftig,
sehr gerissen.

Und so wird
die ganze Welt
von dem wüsten Paar
geprellt.

Fest

Frohes Fest und feste drauf!
Frohes Fest und fest gekauft!
Zum Fest ist alles überteuert!
Zum Fest ist jedermann bescheuert!
Festbier gibt's und Festkaffee,
Festgeschenk, den Festtagsbraten,
Festtagsfreude, Festtagsweh
und sogar feste Tomaten.
Festtagsgrüße, Festkonzert,
Festbesuch und Festgesang,
Festtagsessen, Festtagsschnaps
und am Ende Festtagszank.
Festtagsabend, Festumzug,
Festgelage, Festtagsschmerzen,
Festbeleuchtung, Festbetrug,
Festtagswein und Festtagskerzen.
Festtagsfreude nicht vergessen,
Festgeläute, Festgewand,
feste Witze nach dem Essen,
Festordner mit fester Hand.
Festkleid für den Festgemahl,
Festgeschrei mit Saus und Braus,
Festschrift mit der Festtagszahl,
und dazu ein   Festspielhaus.

Die Beschimpfung

Es war ein fröhliches Weinfest mit buntem Treiben, mit Gesang und Frohsinn und es war noch heller Nachmittag.
Auch die Drehorgelmusik und unsere Moritaten zogen viele Zuhörer in ihren Bann.
Plötzlich trat aus der Menge ein junger Mann auf uns zu. Er hatte offensichtlich schon ein Glas zuviel getrunken, doch ich ahnte nichts Böses. Unvermittelt und völlig grundlos beschimpfte er uns in sehr unflätiger Weise. Unsere Ruhe, mit der wir seine Attacke quittierten, ermunterte ihn weiterzumachen. Es war peinlich und unangenehm. So ging ich mutig auf ihn zu und zog ihn um die nächste Ecke.
Dort stand ein Festzelt und es waren viele Leute zugegen. Ich erhob meine laute Moritatenstimme und wies ihn zurecht. Die Wirkung war ungeheuer, denn das Publikum hörte und schaute interessiert zu.
Der junge Mann war verblüfft.
Er suchte schleunigst das Weite und ich schaute ihm eindringlich nach, daß er auch nicht zurückkommt.
Der Vorfall war erledigt und bald vergessen.

Es war abermals ein fröhliches Weinfest mit buntem Treiben, mit Gesang und Frohsinn und es war heller Nachmittag. Doch es sind genau drei Jahre vergangen.
Da taucht der junge Mann wieder auf. Wir erkennen uns sofort und ich bin gespannt was jetzt passiert, als er auf unsere Drehorgeln zutritt.

Er grüßt freundlich und entschuldigt sich bei uns wegen seines damaligen Benehmens.
Wir haben seine Entschuldigung angenommen.

Mord in Baden-Baden

(am 24.November 1996)

In Baden-Baden ist nichts los!
Wie immer fließt die klare Oos
zwischen Stadtkern und dem Park,
vorbei am Hause Pagenhardt.

Es ist Sonntag, früh am Morgen,
allen bleibt es still verborgen,
daß sich eine grause Tat
dort in jenem Hause tat.

Hingestreckt im eignen Blute,
liegt da eine alte, gute
Dame, die man umgebracht,
noch bevor der Tag erwacht.

Wollte ein Räuber die Juwelen
aus dem Schmuckgeschäfte stehlen?
Und weil die Dame was gehört
wurde wohl der Dieb gestört?

Aus der Angst, daß man entdeckt,
hat man sie kurz hingestreckt,
raubt noch etwas, hier und dort.
So geschahen Raub und Mord.

Niemand hat etwas gesehen!
Niemand merkte das Geschehen!
Der Mörder suchte schnell das Weite,
gierig auf die nächste Beute.

In Baden-Baden war was los!
Wie immer fließt die klare Oos,
zwischen Stadtkern und dem Park
vorbei am Hause Pagenhardt.

Ein Hotel liegt gegenüber,
doch da schaut kein Mensch hinüber.
Niemand ahnt die Missetat,
die wer auf dem Gewissen hat.

Stimmfarben

Es spricht der Mensch so manches Wort,
mal friedlich, leise, mit Bedacht,
an manchem Tag, an manchem Ort,
mitunter auch voll Zorn und Kraft.

Doch kleine Tücken hat die Stimme,
weil über Farben sie verfügt.
Du fühlst mit untrüglichem Sinne,
ob unverstellt sie oder lügt.

Sie flüstert, stöhnt, sie lispelt leise,
sie wimmert, jammert, brüllt und klagt.
Sie kreischt auf ganz brutale Weise,
sie haucht und wispert, fragt und sagt.

Dein Gegenüber, das sie hört,
erliegen kann der Stimme Kraft,
die mal verletzt, die mal betört,
wie eine wahre Zaubermacht.

Es zeigt die Stimmung die Erkenntnis,
je nach Erfolg und Reaktion,
ob sie erzielte Unverständnis
oder traf den rechten Ton.

Gar traurig Lied vom Räuber Pleiter

Hört her! Ihr Leut ich singe leider,
von einem Räuber namens Pleiter!
Er hat geraubt, er hat geklaut,
obwohl ihm jedermann geglaubt.

Er war ein Mann der oberen Etagen,
kassierte Provisionen und auch Gagen.
Er war bekannt, er war begehrt,
doch war er keinen Heller wert.

Er hatte auch eine sehr schöne Frau,
und die war auch, wie er, unheimlich schlau.
Und wo das Geld regiert die Welt
hat man sich gern dazu gesellt.

Doch eines Tages hat er sich vergriffen.
Bei seinen Banken wurde er verpfiffen.
Dann kam der Sturz, knallhart und kurz,
dem Pleiter war das alles schnurz.

Darauf ist er mit seiner Frau verschwunden,
und pleite gingen alle seine Kunden.
Die Gläubiger kriegten nichts mehr,
und weg war der Doktor Pleiter.

Nach langer Zeit hat man ihn dann geortet,
dort wo der Baulöwe sein Geld gehortet.
Man suchte hier, man suchte da,
man fand ihn in Amerika.

In Florida wollt er sich Geld besorgen,
die Banken wollten ihm jetzt nichts mehr borgen.
Ein Sheriff kam und faßte ihn,
und schon saß er im Kittchen drin.

Auch Julia, die wurde festgenommen.
Nicht mal zum Schminken ist sie mehr gekommen.
Man hat sie blitzeschnell gefaßt,
und beide saßen nun im Knast.

Es half kein Schimpfen und es half kein Jammern.
Es schloß die Tür sich fest zu ihren Kammern.
Er hat getobt, er hat gedroht,
hat sogar Besserung gelobt.

Und eines Tags, da steht er vor Gerichte,
ohne Toupet, mit Falten im Gesichte,
mit Saus und Braus ist's vorerst aus.
Die Zukunft sieht nicht rosig aus.

Yuppies

Kennen Sie Yuppies?
Yuppies sind junge, schöne, coole, reiche Menschen.
So einer engagierte uns.
Tolle Villa, coole Gäste. Alle reich?
Egal, wir kommen, wir spielen, ich singe.
Crazy people! Verwöhnte Snobiety.
Was soll ich hier mit meinen altmodischen Liedern?
Ich singe.
Man stört mich.
Ich lasse mich nicht verwirren.
Da ist die Mutter des Hauses, eine gestandene Frau.
Wir beide verbünden uns mit einem einzigen Blick.
Wir finden eine Basis und sie singt mit.
Und plötzlich habe ich das coole Volk in der Hand.
Die Yuppies singen:

„Ja, ja, ja, ach ja 's ist traurig, aber wahr...! "

Sie sind doch genau wie wir!
Nur jünger.

Scheinheilige

Ernst,
ach Ernst,
was Du mir alles lernst!

Sprach errötend
die gerührte
Braut,
als er sie nun verführte.

Doch
ihm wurde dabei klar,
daß sie keine Jungfrau war!

Scheinheiliger

Pipifax, der große Könner,
war der Schrecken aller Männer.
Wo er hinkam gab es Zoff.
Das war oft!

Pipifax, der konnte saufen,
Witze reißen, konnte raufen.
Wo er hinschlug wuchs kein Gras.
So war das!

Pipifax war Frauenheld
und auf jede eingestellt.
Sah er eine, war sie sein.
Von allein!

Pipifax war sehr begehrt,
jedes Weib hat er betört,
aber treu war er nie lang.
Freiheitsdrang!

Pipifax kannt keine Sorgen,
lebte nur von heut auf morgen,
jede Arbeit ließ er aus.
Hielt sich raus!

Pipifax stahl wie ein Rabe,
aller fremden Leute Habe
steckte ungeniert er ein.
Sie war sein!

Pipifax kam in die Hölle,
doch der Teufel, auf der Stelle,
rief: „Dich halt ich hier nicht aus!
Schmeiß' dich raus!"

Pipifax, der gab nicht auf,
mußte in den Himmel rauf,
und dort sitzt er jetzt in Pax
als der „Heil'ge Pipifax."

Ansicht kann trügen.

Umsicht kann schützen.

Übersicht kann klären.

Einsicht kann stärken.

Nachsicht kann helfen.

Vorsicht rettet!

Himmelfahrt

(Baden-Baden, 16.Mai 1996)

Sensationen aufzubieten
ist normal, bei einem Fest,
weil sich sonst das Publikum
nicht zum Feste locken läßt.

Mit Rekorden, mit Artistik
ködert man die lieben Leute,
doch schaut man in die Statistik,
macht der Tod auch seine Beute.

Sturz beim Rennen edler Pferde,
Crash beim Motorsportgeschehn,
will die angelockte Herde
letzten Endes dabei sehn.

Flugvorführung, Fallschirmspringen,
hält man für die Menge feil,
und sogar beim Bungee-Springen
ist so mancher unfallgeil.

Der Festbesucher ist gewohnt,
daß alles gut geht, stets gelingt,
applaudierend er belohnt,
den, der eine Leistung bringt.

Die Trabers sind seit vielen Jahren
als Seilartisten etabliert.
Sie sind erprobt, sie sind erfahren,
und doch ist wieder was passiert.

Den Weltrekord neu definieren,
in Baden-Baden, war das Ziel.
Sechshundert Meter zu riskieren,
wobei ein Mann vom Hochseil fiel.

Es wäre alles gut gegangen,
hätt man nicht die Idee gehabt,
die Tat auf Video zu bannen,
der Filmende, der stürzte ab.

Viele tausend Augenpaare
sahen schon das Ziel erreicht,
als sie plötzlich Zeugen waren
der Vorstellung: „Der Tod heut live!“

Das Moritatenpaar

Im schwarzen Frack und mit Zylinder,
mit Seidenschal und weißem Hemd,
so spielt im Sommer und im Winter,
für kleine und für große Kinder,
der Orgelmann, den jeder kennt.

In seiner Freizeit, ja da steht er
unter dem Baum dort, vor der Bank,
am Werktag ist er Apotheker,
doch Sonntag nachmittags da geht er
drehorgelnd unsre Stadt entlang.

Und seine Frau, im bunten Kleide,
mit Federhut und Pompadour,
steht fröhlich lachend ihm zur Seite
und singt von Liebe, Lust und Leide
so schaurig schön in Moll und Dur.

Und beim Gesang der Moritaten,
die er so hin und wieder bringt,
wird er mit lachendem Erwarten,
am Eingangstor zum Rosengarten,
vom frohen Publikum umringt.

Die Moritaten heut zu singen,
ist ungewohnt, ist Rarität,
weil ja so manche der Geschichten,
würde sie keiner mehr berichten,
für immer uns verloren geht.

Das Attentat

vom 12.10.1990
(auf Wolfgang Schäuble)
zu singen nach der Melodie:
„Das Attentat"

Leute, tretet näher ran!
Hört euch die Geschichte an,
wie sich zugetragen hat
das Oppenauer Attentat.

Dort, im schönen Renchbachtal,
war Versammlung vor der Wahl.
Erschienen warn in großer Zahl
Gäste in dem Hirschensaal.

Aus dem fernen Bonn daher
kam ein Toppolitiker,
'ne Rede halten wollte er
für Anhänger und Kritiker.

Das war abends, um die achte,
als noch niemand Böses dachte,
doch noch vor der Rede Schluß
krachte ein Pistolenschuß.

Hellauf blitzt der Feuerstrahl
mitten durch den Gasthaussaal.
Die Kugel trifft den Mann am Kinn,
er stürzt in seinem Blute hin.

Drauf gab es ein Mordsgeschrei!
Es eilt das Rote Kreuz herbei.
Und war es auch schon dunkel sehr,
flog schnell herbei ein Hubschrauber.

Im Getümmel, etwas später,
faßte man den Attentäter.
Zweimal schoß er, ungerührt,
bis man endlich ab ihn führt.

Ins Spital, nach Freiburg dann,
brachte man den armen Mann.
Und ein jedes Menschenherz
richt' die Augen himmelwärts.

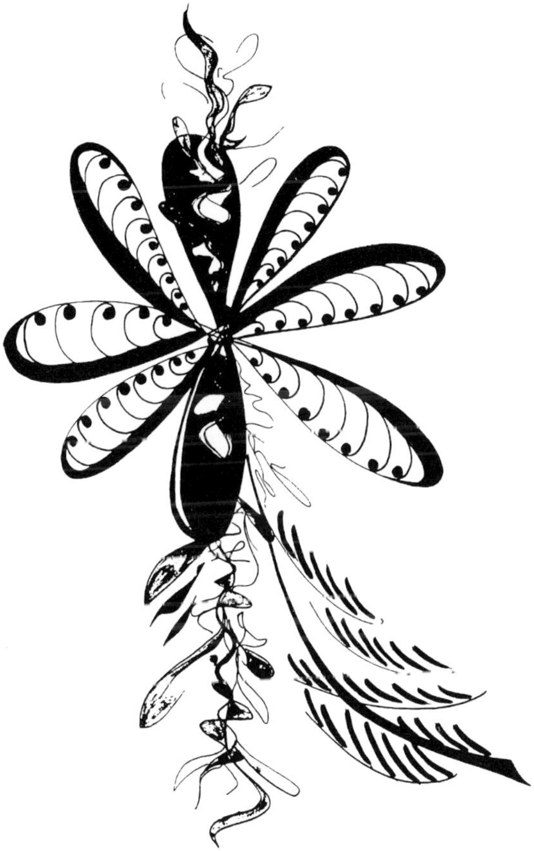

Lange Zeit hat es gedauert,
daß der Knochenmann gelauert.
Schäuble kämpfte um sein Leben,
wollt den Löffel nicht abgeben!

Nur mit Mut und starker Kraft
hatts Überleben er geschafft.
Im Rollstuhl sitzt er heut noch immer,
der Täter im Gefängniszimmer.

Drum Leute, tretet näher ran,
höret dic Moral euch an,
die man zieht aus der Geschicht:
„Im Wahlkampf trau den Gästen nicht!“

Wirklich, ehrlich

Mancher Mensch, der was erzählt,
meint's wohl ehrlich, doch er stellt
hinter jeden Satz sodann
die Wörtchen „wirklich, ehrlich" dran.
Was so betont, was so bekräftigt
erscheint mir meistens recht verdächtig.
Muß man bei kleinen Alltagslügen
wirklich, ehrlich hint' anfügen?
Soll ich glauben, daß der „Freund"
es auch wirklich ehrlich meint?

In Frage hab ich das gestellt,
als man mir folgendes erzählt:

„Leider kann ich heut nicht kommen,
hab mir zuviel vorgenommen,
und da reicht die Zeit mir schwerlich.
Tut mir leid, ganz wirklich, ehrlich!"

„Ich bin in Paris gewesen,
war umschwärmt von holden Wesen,
doch sie waren zu begehrlich!
Ungelogen, wirklich, ehrlich!"

„Ja, dein Buch hab ich gelesen!
Es ist originell gewesen,
und es war gar nicht beschwerlich.
Es war herrlich, wirklich, ehrlich!"

„Und dein Vortrag war vorzüglich,
die Atmosphäre so vergnüglich,
der Applaus war nicht mal spärlich.
Gratuliere, wirklich, ehrlich!"

„Kommt doch auf der Autobahn
so'n Porsche mit zweihundert an,
überholt mich ganz gefährlich.
Ich bleib cool, ja wirklich, ehrlich!"

„Meine Firma schwört auf mich,
die allerbeste Kraft bin ich.
Für die bin ich unentbehrlich.
Ich mach alles, wirklich, ehrlich!"

Haben Sie, was mich so stört,
auch schon irgendwo gehört?
Ich sage meine Worte. Mehr nicht!
Könn' Sie glauben, wirklich, ehrlich!

Du
Du tust
Du tust mir
Du tust mir gut.

Du
Du bist
Du bist mein
Du bist mein Liebstes.

Du
Du hast
Du hast alles
Du hast alles geweckt.

Ich
Ich danke
Ich danke Dir
Ich danke Dir Schatz.

Der Spielmann

Ein Spielmann kommt durchs Land gezogen,
aus alter Zeit könnte er sein.
Er spannt den Melodienbogen
und lädt zur Nostalgie uns ein.

Hört zu und bleibt ein Weilchen stehen,
nehmt euch die Muße, schaut ihn an,
er wird die Orgel für euch drehen,
der altvertraute Orgelmann.

Ein Spielmann kommt durchs Land gezogen,
er singt von Liebe, Lust und Schmerz.
Seid ihm und seinem Lied gewogen,
er trifft euch mitten in das Herz.

Fragt ihn, warum er auf der Reise,
fragt ihn wieso er dieses tut,
nehmt in euch mit die Orgelweise
und legt ihm etwas in den Hut.

Tut mir leid,

aber er sagt ich soll dich holen!

Evelis singt Moritaten am Mississippi!

People! It is time for Crime!

An den Mississippis Strande,
im Herzen von Amerika,
stand fröhlich ich, im Festgewande,
als Moritatensängerin da.
In St. Louis' heißer Sonne
sang ich von Liebesglück und Schmerz,
von Lüge, Leidenschaft und Wonne,
ich sang mich in so manches Herz.
Und waren deutsch auch meine Worte,
so war mein Lied doch zu verstehn,
ich konnte, auch am fernen Orte,
sehr viele Menschen um mich sehn.
Sie folgten mir, auf meinen Bildern,
was sich in den Geschichten tat.
Ich konnt am Mississippi schildern,
den Hergang mancher Missetat.
AMICA hatte mich gebeten
dort Moritaten zu gestalten,
vor der Convention aufzutreten
und einen Workshop abzuhalten.
Drehorgelklang ist dort exotisch,
is really European Art!
So sang ich schaurig-schön, erotisch
ein Spektrum deutscher Moritat.

AMICA Convention St. Louis/Missouri USA im Juli 1996

Es war ein unvergeßliches Erlebnis

Love and Tears

Old German Moritaten
presented by
Evelis Reichardt

Love and passion, lots of pain,
longing, joy not to explain,
lies and tears and broken hearts,
unreal promises, false cards,
death and illness, jealousy
this a Moritat will be.

accompanied on the organ by
Cynthia Craig

Baci meets Chippi

Die Drehorgel nach altem Brauch
barg eine Walze in dem Bauch,
die war mit Stiften dicht beschlagen,
um so Information zu tragen
wann eine Pfeife klingen soll.
Acht Lieder meist, dann war sie voll!
Und darum fing der Leiermann
sein Spiel sehr bald von neuem an.

Danach erfand man das System
„Jaquardprinzip", leicht und bequem,
ganz aus Papier ein langes Band,
kunstvoll gelocht von Rand zu Rand.
Lochband wird es schlicht genannt,
es ist dem Orgler wohlbekannt.
Doch unser Ahn beklagte schon
den Untergang der Tradition.

Und der Purist lehnt das strickt ab.
Die Rolle sei der Orgel Grab!

Es eilt die Zeit, sie schreitet schnelle,
nie bleibt die Technik auf der Stelle,
die sie erklommen, stille stehn.
So kommt es, daß wir heute sehn
der Orgel allerneusten Typ
mit digitalem Mikrochip,
der uns im Alltag wohl besticht,
jedoch bei Drehorgeln noch nicht.

Drum lehnt dies der Purist strickt ab.
Ein Chip! Das sei der Orgel Grab!

Nun kann man, wie zu allen Zeiten,
sich um das Für und Wider streiten,
doch keiner hält Entwicklung auf.
Es nimmt die Technik ihren Lauf
und jede Zeit bringt etwas Neues,
auch wenn der Mensch dem Alten treu ist,
beklag er nicht im Trauerton
den Untergang der Tradition.
Wer weiß, was sich daraus entwickelt,
auch wenn es heut noch bös bekrittelt.

Man lenke aufmerksam den Blick,
auf diesen Träger der Musik,
der praktisch sich zu nutze macht,
was am Computer ausgedacht.
Und bei den vielen Parallelen
kann ja die Drehorgel nicht fehlen.
Diese Erkenntnis, voll und ganz,
wünscht sich Respekt und Toleranz.
Ein jeder schafft die Orgel an,
mit der er Musik machen kann.
Und selten an der Orgel steht,
mit welch' System der Spieler dreht

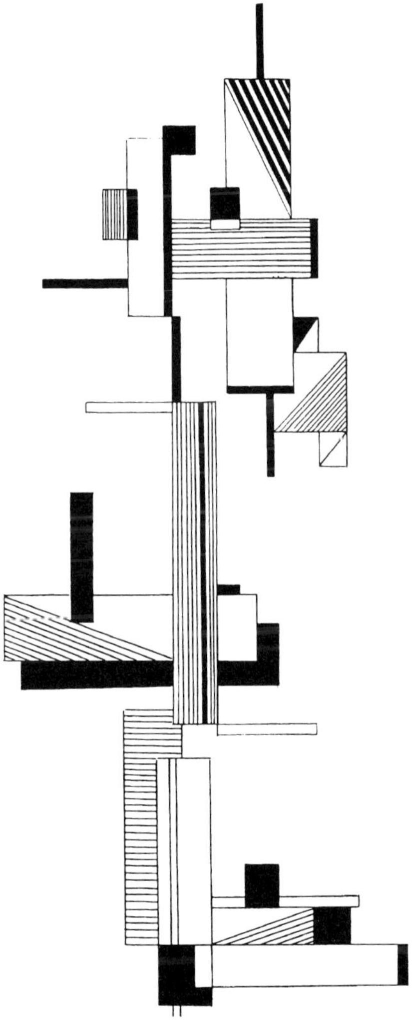

Baci meets Chippi

Let's go, side by side!

Das Abendessen

Drehorgelfest in Irgendwo.
Es kommt selten vor, daß Drehorgelspieler am Ende eines erlebnisreichen Tages bei einem amerikanischen Multimillionär zu Abend essen!
Doch es gibt immer wieder wohlgesinnten Sponsoren und vieles ist möglich.

Die besagte Einladung zum Abendessen war, bis kurz vorher, geheim gehalten worden.
Sie erwies sich als echte Überraschung. Alle beteiligten Drehorgler sahen erwartungsvoll dem Ereignis entgegen. Um so größer war das Erstaunen, als sich die Schritte der uns führenden Dame dem Ort des Geschehens näherten.

In unseren pittoresken Kostümen betraten wir einen großen Gastraum, der in moderner Kühle strahlte und in dem die Farben gelb und rot dominierten.
Das überall leuchtende große, gelbe „M" hätten wir wohl als das Initial von Multimillionär gedeutet, wenn uns nicht schlagartig dessen Bedeutung klargeworden wäre.

Wir befanden uns in einem Schnellrestaurant!

Schnell

Schneller Sex
und
schnelles Essen
schnell vergnügen
schnell vergessen
schneller Tanz
schnelle Musik
schnell gekauft
das
schnelle Glück
schnell gestritten
schnell vergeben
schnell vorbei
das
schnelle **Leben!**

10/26

Ein Dichter ist ein Mensch der schreibt,
der hofft, daß etwas übrig bleibt
von dem, was in dem Lauf des Lebens
er tat, erfolgreich und vergebens.

Der eine schreibt mit Phantasie,
dem andren liegt die Elegie,
manch einer will die Welt bekehren,
und viele möchten gern belehren,
das Rund des Rades neu gestalten,
doch ich will einfach unterhalten,
und spieß aus meinem Tageslauf
mal hier und dort Gefundenes auf,
dies forme ich zu einem Reim
und speicher's im Computer ein.
Um darzustellen eine Sache,
bediene ich mich meiner Sprache,
kann so die ganze Welt beschreiben,
mein Leben, Fühlen und mein Treiben,
den Geist, die Zeit und die Gedanken,
die um mein Lebenslicht sich ranken.

Zehn Ziffern muß ich dazu haben
und sechsundzwanzig Buchstaben,

... denn unser Alphabet ist klein,
drum möcht ich kein Chinese sein!

Geschenke

Verschenke einen Blick,
ein Lachen.
Verschenk Geduld,
verschenke Zeit.
Verschenke
keine teuren Sachen,
verschenke
deine Herzlichkeit.

Verschenke
eine Mußestunde.
Verschenke
einen guten Rat.
Verschenke
eine Glückssekunde,
verschenke
eine gute Tat.

Verschenke
liebende Berührung.
Verschenke
Zärtlichkeit und Ruh.
Verschenke Lust,
auch zur Verführung.
Verschenke
dann dich selbst dazu.

Einladung

Wenn
mancher Mensch mir was verspricht,
weiß ich im gleichen Augenblick,
sein Versprechen hält er nicht.
Ich kenne seinen Trick!

Ich solle ihm Vertrauen schenken,
er käm zur angesagten Zeit!
Mein Mißtrauen würde ihn kränken,
die Einladung hätt ihn erfreut.

Zur Sicherheit, kurz vorher dann,
ruf ich, erfahren und gewitzt,
vorsichtig ihn erinnernd an,
daß er nicht den Termin verschwitzt.

Ich freue mich auf den Besuch,
weil er mir wirklich viel bedeutet,
hab als Geschenk ein gutes Buch,
und auch ein Essen vorbereitet.

Es naht die Zeit, ich schau zur Uhr,
geduldе mich, wie sich's gehört.
Von meinem Gast fehlt jede Spur,
dafür das Telefon mich stört.

Es sei ihm peinlich, so unsäglich,
ganz unverhofft kam ein Termin,
er wisse, es sei ganz unmöglich,
doch rechnen könnt ich nicht mit ihm.

Ein andermal, bestimmt, versprochen,
da käme er, da hätt er Zeit,
nur heute sei es ausgeschlossen,
es täte ihm unendlich leid.

Doch weiß ich, wenn er das verspricht,
im gleichen Augenblick,
er hält sein Wort auch diesmal nicht.
Ich ziehe mich zurück.

Hast du Ohren

Hast du Ohren um zu hören,
hast du Augen um zu sehn?
Dann solltest du, mit einer Orgel,
mal in einer Straße stehn.
Nur zum Spaß und zum Studieren
zeigt dir so ein Spiegelbild,
wie wir unsren Tag verlieren,
der mit Hasten ausgefüllt.

Du siehst Menschen wie sie eilen,
hin und her und her und hin.
Wie sie rennen, nicht verweilen,
denn es fehlt der Mußesinn
einen Blick auf dich zu lenken,
einzuhalten in dem Streben,
um ein Lächeln dir zu schenken
und Beachtung dir zu geben.

Vergiß schnell diese Zeitgenossen,
die sich kein Verweilen gönnen,
die gehetzt und meist verdrossen
ihre Lebenszeit verrennen.
Nimm dir Zeit für Müßiggänger,
für Phantasten und für Kenner,
für die Träumer, auch die Spinner
und vor allem für die Kinder.

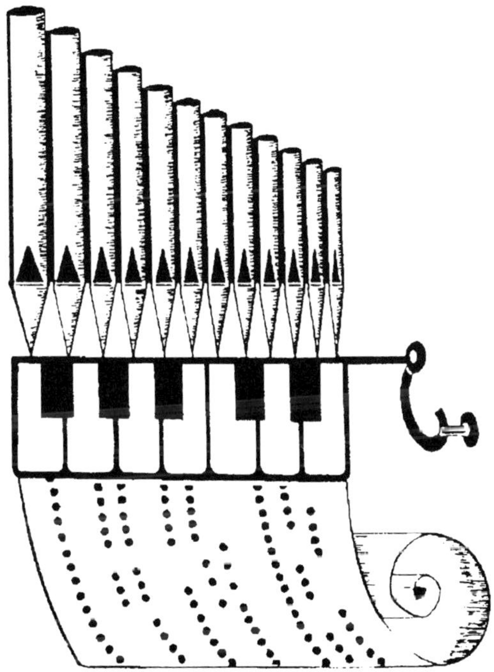

Freut euch!

Freut euch des Lebens,
freut euch ihr Gäste!
Freut euch der Liebe,
freut euch der Feste.
Freut euch am Schönen,
freut euch an Speisen
mit fröhlichen Tönen
und Drehorgelweisen.

Evelis Reichardt

Die Melodie der Sprache regt mich zu meinen Gedichten an. Wer sich auf diese Melodien einlassen kann, der wird ihre Schwingungen wahrnehmen.
Das Wechselspiel zwischen zarter Modulation und knallhartem Reim ist es, was mich reizt. Die Themen finde ich auf der Straße, im Gespräch oder in der Zeitung. Was mich bewegt liegt zwischen Traum und Alltagsgeschehen. Es ist mir Herausforderung und Vergnügen zugleich Denkanstöße aufzulesen. Den Rhythmus eines Gedichtes empfinde ich als ein natürliches „Swing-Gefühl" und wer beim Lesen mitswingt, der ist auf der gleichen Wellenlänge.
Neben dem Schreiben bin ich Moritatensängerin. Ich singe zur Drehorgel alte Lieder von Liebesfreud' und Herzeleid. Als Mitglied der „Baden-Badener Drehorgelgruppe" bin ich nicht nur europaweit unterwegs, sondern auch auf einer Gastspielreise in St. Louis/Missouri aufgetreten. Diese Tätigkeit sprengt den Rahmen einer Liebhaberei bei weitem. Sie ist zur Passion geworden.

1936 wurde ich in Berlin geboren, wo ich meine ersten sechs Lebensjahre verbrachte. Unfreiwillige Umzüge lehrten mich sehr verschiedene Reisewege und brachten mir frühe Lebenserfahrungen ein! Erwachsen fand ich, meinem heiteren Naturell entsprechend, im Süden Deutschlands meine Heimat.
Ich bin Postbeamtin im Ruhestand und wohne in Baden-Baden. Ich habe eine Tochter, die mit meinen beiden Enkelkindern in New York lebt, und einen Sohn, der in Marburg studiert.
Mein Lebensgefühl ist positiv, optimistisch und aktiv.

Sollten Sie an weiteren Informationen interessiert sein, dann wenden Sie sich bitte an:

Die Baden-Badener Drehorgel Gruppe
Evelis Reichardt
Beethovenstr.5
76530 Baden-Baden

Club Deutscher Drehorgelfreunde e.V. (CDD)
Wilfried Hömmerich
An der Düne 47
53119 Bonn-Tannenbusch

Inhaltsverzeichnis: